# WEIHNACHTS-PLÄTZCHEN

## Himmlisch lecker und bezaubernd süß

Autorin: Christina Richon | Fotos: Anke Schütz

QUALITÄTS G|U GARANTIE

## DIE GU-QUALITÄTS-GARANTIE

Wir möchten Ihnen mit den Informationen und Anregungen in diesem Buch das Leben erleichtern und Sie inspirieren, Neues auszuprobieren. Bei jedem unserer Bücher achten wir auf Aktualität und stellen höchste Ansprüche an Inhalt, Optik und Ausstattung. Alle Rezepte und Informationen werden von unseren Autoren gewissenhaft erstellt und von unseren Redakteuren sorgfältig ausgewählt und mehrfach geprüft. Deshalb bieten wir Ihnen eine 100 %ige Qualitätsgarantie.

**Darauf können Sie sich verlassen:**
Wir legen Wert darauf, dass unsere Kochbücher zuverlässig und inspirierend zugleich sind.
Wir garantieren:

- dreifach getestete Rezepte
- sicheres Gelingen durch Schritt-für-Schritt-Anleitungen und viele nützliche Tipps
- eine authentische Rezept-Fotografie

**Wir möchten für Sie immer besser werden:**
Sollten wir mit diesem Buch Ihre Erwartungen nicht erfüllen, lassen Sie es uns bitte wissen! Nehmen Sie einfach Kontakt zu unserem Leserservice auf. Sie erhalten von uns kostenlos einen Ratgeber zum gleichen oder ähnlichen Thema. Die Kontaktdaten unseres Leserservice finden Sie am Ende dieses Buches.

GRÄFE UND UNZER VERLAG
*Der erste Ratgeberverlag – seit 1722.*

# INHALT

## TIPPS UND EXTRAS



## 8 FRUCHTIG BUNT

## 22 MIT SCHOKOLADE & NÜSSEN



## 38 GELIEBTE KLASSIKER



## 50 FEIN & BESONDERS

# TRICKS AUS DER KEKSKISTE

**Teige für feine Plätzchen zuzubereiten ist keine Zauberei, wenn Sie beim Rühren und Kneten ein paar wichtige Punkte beachten.**

### MÜRBETEIG

Er ist ein trockener, fettreicher, feiner Knetteig. Je nach Rezept kann er zusätzlich mit fein gemahlenen Mandeln und Nüssen angereichert werden. Mürbeteig knetet man am besten mit den Händen in einer großen Schüssel. Immer so lange gründlich kneten, bis keine Fettflöckchen mehr sichtbar sind. Diese würden sonst beim Backen schmelzen und kleine Löcher in den Plätzchen hinterlassen. Auf jeden Fall nur so lange kneten, dass sich die Zutaten gleichmäßig miteinander verbinden. Wird der Teig zu lange bearbeitet, verändert er seine Konsistenz. Er wird zäh und die gebackenen Plätzchen sind später spröde statt wunderbar mürbe. Den fertigen Teig vor den weiteren Verarbeitungsschritten immer kalt stellen. Durch den hohen Fettanteil wäre er sonst zu weich, außerdem wird das Gebäck durchs Kühlen knuspriger. Ist ein Teig mal zu bröselig, einfach 1 – 2 EL Sahne unterkneten.

### RÜHRTEIG

Er ist saftig, locker und vielseitig einsetzbar. Man kann ihn gut mit Aromen, Schokoladenstücken und Trockenfrüchten ergänzen. Für den Teig die weiche Butter mit dem Zucker schön cremig rühren, nach und nach die Eier unterrühren und erst dann die übrigen Zutaten untermengen. Backpulverteige am besten sofort backen, durch zu langes Stehen kann das Backpulver sonst an Backkraft verlieren.

### MAKRONENMASSE

Die Grundlage ist Eischnee, der sehr fest und stabil sein muss. Deshalb ist es sehr wichtig, dass beim Trennen der Eier kein Eigelb in das Eiweiß gelangt, sonst wird das Eiweiß nicht steif. Außerdem immer eine fettfreie Schüssel und ebenfalls fettfreie Schneebesen des Handrührgeräts zum Aufschlagen des Eischnees verwenden. Eine Prise Salz beim Schlagen verleiht zusätzlich mehr Stabilität. Der Eischnee hat die richtige Konsistenz, wenn sich an den Schneebesen kleine Eischneespitzen bilden und der Eischnee auch in der umgedrehten Schüssel standfest bleibt. Ist die zubereitete Makronenmasse trotz aller Tipps dennoch zu flüssig, noch ein zusätzliches Eiweiß separat steif schlagen und unterheben.

# TEIG VERARBEITEN

**Auch hier gibt es ein paar Dinge zu beachten, damit die Plätzchen gelingen und auch nach dem Backen noch in Form sind.**

### AUSROLLEN UND VERARBEITEN

Den vorbereiteten Teig auf möglichst wenig Mehl ausrollen. Das zusätzliche Mehl würde sonst die Plätzchen beim Backen hart und trocken machen. Am besten rollen Sie den Teig zwischen zwei Blättern Backpapier oder in einem aufgeschnittenen Gefrierbeutel aus. Buttrigen Mürbeteig portionsweise aus dem Kühlschrank nehmen, damit er nicht zu warm und weich wird. Geformte Plätzchen können vor dem Backen gut verpackt bis zu 2 Tage im Kühlschrank ruhen oder bis zu 6 Wochen tiefgekühlt werden. Tiefgekühlten Teig im Kühlschrank 24 Stunden auftauen lassen und dann verarbeiten.

### AUSSTECHEN

Um ein Anhaften des Teiges zu vermeiden, Ausstecher in Mehl oder Puderzucker tauchen. Empfindliche Motive mit einer Palette auf das Blech heben. Für sehr filigrane Formen den Teig am besten gleich auf Backpapier ausrollen und ausstechen, übrigen Teig außenherum dann einfach wegnehmen. Besonders gut in Form bleiben die Plätzchen, wenn Sie das Blech mit den ausgestochenen Keksen für 5 Minuten in das Tiefkühlgerät legen.

### BACKEN

Die Plätzchen am besten immer auf ein mit Backpapier belegtes Blech legen. Das spart Fett, und das Gebäck lässt sich später garantiert problemlos lösen. Backpapier kann mehrmals benutzt werden. In einem Umluft-Backofen können Sie mehrere Bleche auf einmal backen. Dünnes Gebäck kann bei Umluft allerdings schnell trocken werden, deshalb den Bräunungsgrad im Blick behalten. Auch backt das erste Blech meist recht genau. Bei den folgenden Blechen wird oft die Backzeit kürzer. Manchmal bräunt Gebäck auf der Unterseite schneller als oben. Um das zu vermeiden, einfach zwei Lagen Backpapier verwenden. Halten Sie beim ersten Blech die angegebenen Backzeiten ein, denn die meisten Kekse sind fertig, obwohl sie noch weich sind. Sie werden durch das Abkühlen nach ca. 5 Minuten an der Luft knusprig.

# FORMEN UND HELFER

**Den Teig ausrollen, ausstechen oder in kleine Förmchen füllen – das ist das tägliche Brot in der Weihnachtsbäckerei. Lassen Sie sich helfen!**

### MINI-BACKFORMEN

Silikonförmchen eignen sich besonders gut, weil man den Teig perfekt hinein und wieder heraus bekommt. Ein zusätzliches Einfetten ist nicht nötig. Falls Sie im Haushaltswarengeschäft nicht fündig werden,sind Internet-Shops eine gute Alternative. Die Formen mit Spülmittel und Wasser reinigen, in der Spülmaschine verlieren sie ihre Antihaft-Beschichtung. Alternativ können Sie kleines Gebäck in Papierförmchen und Pralinenkapseln aus Alu backen. Darin trocknet es nicht so schnell aus.

### AUSSTECHER

Es gibt sie in jedem nur denkbaren Motiv. Für einige, die man aufstellen möchte (z. B. Tannenbaum, Nikolaus oder Schneemann), gibt es sogar Ständerausstecher. Ausstecher aus Metall sind stabil und stechen dank scharfer Kanten perfekt aus. Kinder nehmen besser die aus Kunststoff, deren leicht abgerundete Formen tun beim Andrücken nicht weh. Für Terrassen- oder Stapel-Kekse eignen sich Sets mit verschiedenen Größen vom selben Motiv. Das Prägen von Motiven gelingt mit Stempeln und variablen Buchstabenprägesets.

### AUSROLLHILFEN

Eine Silikonmatte ist rutschfest, und der Teig klebt nicht an. Sie kann statt Backpapier benutzt werden. Gleichmäßig dick wird der Teig, wenn man ihn zwischen Teighölzchen ausrollt. Die Hölzchen gibt es in verschiedenen Dicken im Handel.

# ZUM VERSCHENKEN

**Milde Gaben zum Vernaschen, liebevoll zubereitet, sind ein originelles Geschenk und versüßen die Freundschaft!**

**FLASCHENPOST MIT COOKIE-MISCHUNG**
Eine saubere 1-l-Milchflasche füllen mit: 140 g Rohrzucker, 1 Päckchen Bourbon-Vanillezucker, 1 Prise Salz, 40 g Kakaopulver, 100 g fein gehackten Walnusskernen, 150 g fein gehackter Orangen-Bitterschokolade , 175 g Mehl und 2 TL Backpulver. Rezept an der Flasche befestigen: Diese Zutaten mit 175 g weicher Butter und 2 Eiern zu einem Teig rühren. Mit zwei Teelöffeln ca. 70 Cookies auf Bleche setzen und bei 180° ca. 14 Min. backen.

**TASSENPLÄTZCHEN**
Für das Ausstechen einer Tasse als Motiv, bietet der Handel verschiedene Ausstechformen an. Einfach ein Rezept aus diesem Buch aussuchen (am besten mit Mürbeteig, z. B. Cashew-Karamell-Herzen, siehe S. 28). Den Teig ausrollen und die Teigplatte 15 Min. tiefkühlen, so bekommen die Plätzchen eine perfekte Kontur. Dann ausstechen und wie im Rezept angegeben belegen und backen.

**TEEBEUTEL-KEKSE**
Für ein Geschenk an Teefans deren Lieblingstee kaufen. Für das süße Etwas zum Tee den Spitzbubenteig (siehe S. 40) zubereiten. Einen Teebeutel als Schablone verwenden. Mit einem scharfen Messer die Kekse ausschneiden, die Ecken oben wie bei einem Teebeutel umlegen und ein Loch stechen. Kekse backen, das untere Drittel in flüssige Kuvertüre tauchen. Wenn die Kuvertüre getrocknet ist, Fädchen durch die Löcher ziehen.

# FRUCHTIG BUNT

Weihnachten mal ganz anders: Backen Sie Plätzchen mit Konfitüre-Füllungen, Fruchtaromen in Teig und Glasur und feinen kandierten Früchten obendrauf. Damit zaubern Sie ein Stück Sonne in die Winterzeit. Besonders Kinder lieben die bunten, nicht zu süßen Plätzchen und helfen gerne beim Verzieren.

# APRIKOSEN-ROSMARIN-PLÄTZCHEN

**Aprikosen und Rosmarin, das ist eine Kombination, die zunächst an Süden und Mittelmeer erinnert – aber auch wunderbar in den Advent passt.**

1 Bio-Zitrone
100 g getrocknete Aprikosen
2 Zweige Rosmarin
120 g weiche Butter
130 g Zucker
Salz
2 Eier
160 g Mehl
100 g Polenta-Grieß
2 TL Backpulver
ca. 3 EL Aprikosenkonfitüre

**Mit Aromakick**

Für ca. 65 Stück | 15 Min. Zubereitung | 12 Min. Backen pro Blech
Pro Stück ca. 45 kcal, 1 g EW, 2 g F, 6 g KH

**1** Die Zitrone heiß waschen und abtrocknen. Die Schale fein abreiben, den Saft auspressen. Die Aprikosen in kleine Würfel schneiden und in einer Schüssel mit Zitronensaft vermengen. Den Rosmarin waschen und trocken schütteln. Die Nadeln abzupfen und fein hacken, es sollten ca. 2 TL sein.

**2** Die Butter mit Zucker und 1 Prise Salz cremig rühren. Die Eier mit der Zitronenschale unterrühren und Mehl, Grieß und Backpulver zügig untermengen. Die Aprikosenwürfel abtropfen lassen und mit dem Rosmarin unter den Teig ziehen.

**3** Den Backofen auf 200° vorheizen. Den Teig mit einem kleinen Eisportionierer oder mit zwei Teelöffeln portionsweise in kleinen Häufchen auf ein mit Backpapier belegtes Backblech setzen. Zwischen den Teighäufchen etwas Platz frei lassen, damit sie beim Backen nicht zusammenkleben.

**4** Die Plätzchen im Ofen (Mitte) pro Blech ca. 12 Min. backen. Aus dem Ofen nehmen und auf dem Blech erkalten lassen. Die Konfitüre in einem Topf erhitzen und auf die Plätzchen streichen. Wer möchte, kann dann die Plätzchen noch mit je 1 Rosmarinnadel oder -sträußchen dekorieren.

# KIRSCH-ZIMT-WÜRFEL

60 g Butter | 4 Eier | 200 g Zucker | Salz | abgeriebene Schale von 1 Bio-Zitrone | 100 g getrocknete Sauerkirschen | 250 g gemahlene Haselnüsse | 2 EL Milch | 250 g Mehl | 1 gehäufter TL Backpulver | 2 TL Zimtpulver | 100 g Puderzucker | 1–2 EL Kirschlikör oder -saft | 1 eckige Backform (24 × 24 cm)

**Schnell zubereitet**

Für ca. 80 Stück | 10 Min. Zubereitung | 20 Min. Backen
Pro Stück ca. 60 kcal, 1 g EW, 3 g F, 7 g KH

**1** Die Butter schmelzen und abkühlen lassen. Den Boden der Backform mit Backpapier belegen. Den Backofen auf 200° vorheizen. Die Eier mit Zucker, 1 Prise Salz und Zitronenschale mit den Quirlen des Handrührgeräts schaumig rühren. Das dauert einige Minuten.

**2** Die Sauerkirschen klein schneiden und mit der abgekühlten Butter, den Haselnüssen und der Milch unter die Eier rühren. Das Mehl mit Backpulver und Zimt darübersieben und untermengen.

**3** Den Teig in die Form füllen und glatt streichen. Im Ofen (Mitte) etwa 20 Min. backen. Das Gebäck abkühlen lassen und aus der Form nehmen.

**4** Für den Guss den Puderzucker mit Likör oder Saft glatt rühren und auf das Gebäck streichen. Trocknen und auskühlen lassen. Dann in Würfel von ca. 2 × 2 cm Größe schneiden.

# LIME-BARS

190 g Mehl | 100 g kalte Butter | 240 g Zucker | 1 Päckchen Bourbon-Vanillezucker | 2 Bio-Limetten | 2 Eier | ½ TL Backpulver | Salz | 1 eckige Backform (24 × 24 cm)

**Aus den USA**

Für ca. 72 Stück | 15 Min. Zubereitung | 30 Min. Backen
Pro Stück ca. 35 kcal, 0 g EW, 1 g F, 5 g KH

**1** 150 g Mehl in eine Schüssel geben, in die Mitte eine Mulde drücken. Auf den Rand der Mulde die Butter in kleinen Flöckchen, 40 g Zucker und den Vanillezucker verteilen. Alles mit den Händen zu einem glatten Teig kneten.

**2** Den Backofen auf 160° vorheizen. Limetten heiß waschen, abtrocknen und die Schale fein abreiben. 4 EL Saft auspressen. Die Form mit Backpapier auslegen und den Teig mit den Fingern hineindrücken. Im Ofen (Mitte) 15 Min. vorbacken.

**3** Die Eier mit dem restlichen Zucker sowie Limettenschale und -saft sehr schaumig rühren. 2 EL Mehl mit Backpulver und 1 Prise Salz unterrühren. Die Masse auf den vorgebackenen Boden geben.

**4** Die Form in den Ofen (Mitte) schieben und den Teig nochmals 20 – 25 Min. backen. Die Oberfläche soll noch etwas weich sein. Aus dem Ofen nehmen und in der Form erkalten lassen. Danach in 2 × 4 cm große Streifen schneiden.

# PASSIONSFRUCHT-BÄREN

350 g Mehl | 60 g Kokosmilchpulver (Asienladen) | 290 g kalte Butter | 120 g Zucker | 1 Päckchen Bourbon-Vanillezucker | 1 Eiweiß | Salz | 4 EL Sahne | 2–3 Passionsfrüchte | 200 g Puderzucker | Mehl zum Arbeiten | Bären-Ausstechform

**Echte Lieblinge!**

Für ca. 80 Stück | 25 Min. Zubereitung | 1 Std. Kühlen | 8 Min. Backen pro Blech
Pro Stück ca. 65 kcal, 1 g EW, 3 g F, 7 g KH

**1** Das Mehl mit dem Kokosmilchpulver in eine große Schüssel geben, in die Mitte eine Mulde drücken. Auf dem Rand 250 g Butter in kleinen Flöckchen, Zucker und Vanillezucker verteilen. Das Eiweiß, 1 Prise Salz und die Sahne in die Mulde geben. Alles mit den Händen zu einem glatten Teig kneten. In Frischhaltefolie wickeln und für ca. 1 Std. in den Kühlschrank legen.

**2** Den Backofen auf 200° vorheizen. Für den Guss die Passionsfrüchte halbieren und das Mark mit einem Löffel auslösen. 4 EL Fruchtmark mit den Kernen, der restlichen Butter und Puderzucker in einem Topf verrühren. Schwach erhitzen, bis eine streichfähige Masse entsteht.

**3** Den Teig portionsweise auf einer leicht bemehlten Arbeitsfläche ca. 5 mm dick ausrollen. Nach und nach daraus Bären ausstechen und auf ein mit Backpapier belegtes Blech legen.

**4** Die Bären im Ofen (Mitte) in 7–8 Min. hellgelb backen. Dann sofort den Guss aufstreichen. Bären auf dem Blech vollständig auskühlen lassen.

# ARRAK-ANANAS-KRISTALLE

200 g Mehl | 120 g kalte Butter | 70 g Zucker | 2 Eigelb | Salz | 2 TL frisch geriebener Ingwer | 4 EL Ananaskonfitüre | 50 g Puderzucker | 4 TL Arrak-Aroma | 1–2 EL Ananassaft | Ausstechform (ca. 6 cm ∅; z. B. Eiskristall)

**Braucht etwas Zeit**

Für ca. 50 Stück | 50 Min. Zubereitung | 7 Std. Ruhen | 7 Min. Backen pro Blech
Pro Stück ca. 45 kcal, 1 g EW, 2 g F, 6 g KH

**1** Das Mehl in eine große Schüssel geben, in die Mitte eine Mulde drücken. Am Rand die Butter in kleinen Flöckchen und den Zucker verteilen. Eigelbe, 1 Prise Salz und Ingwer in die Mulde geben. Alles mit den Händen zu einem glatten Teig kneten. Den Teig in Frischhaltefolie wickeln und für ca. 1 Std. in den Kühlschrank legen.

**2** Den Backofen auf 200° vorheizen. Backblech mit Backpapier belegen. Den Teig portionsweise auf einer leicht bemehlten Arbeitsfläche ca. 3 mm dick ausrollen. Plätzchen ausstechen, auf das Blech legen und im Ofen (Mitte) in 6–7 Min. hellgelb backen. Gebackene Eiskristalle zum Auskühlen auf ein Kuchengitter legen.

**3** Die Konfitüre erwärmen und durch ein Sieb streichen. Dünn auf die Plätzchen streichen und 3 Std. trocknen lassen. Puderzucker mit Aroma und wenig Ananassaft glatt rühren. Auf die Sterne streichen und ca. 3 Std. trocknen lassen.

## TIPP

Arrak-Aroma finden Sie in kleinen Fläschchen bei den Backzutaten. Es ist sehr speziell und kann durch Rum-Aroma ersetzt werden.

# FRUCHT-KOKOS-HÜTCHEN

Die fruchtig-knusprige Plätzcheninterpretation aus vielen leicht säuerlichen Trockenfrüchten, Kokosflocken, Haferflocken und Cornflakes hat eine schöne Muskatnote.

je 50 g gelbe Rosinen,
getrocknete Mangostücke,
Aprikosen,
Cranberrys und Fruchtmischung (z. B. Kirschen, Aroniabeeren)
100 g Kokosflocken
120 g weiche Butter
50 g Rohrzucker
1 Ei
2 EL Sahne
4 EL Haferflocken
½ TL Backpulver
¼ TL frisch geriebene Muskatnuss
100 g Cornflakes
4 EL Mango-Fruchtaufstrich
2 EL Kokoschips

**Fruchtig-süß**

Für ca. 60 Stück | 25 Min. Zubereitung | 18 Min. Backen pro Blech
Pro Stück ca. 50 kcal, 1 g EW, 2 g F, 7 g KH

**1** Die Rosinen, Mangos, Aprikosen, Cranberrys sowie die Fruchtmischung fein hacken und mit den Kokosflocken in einer Schüssel mischen. Die Butter mit dem Zucker cremig schlagen und das Ei unterrühren. Die Trockenobstmischung mit der Sahne unter die Ei-Butter-Mischung rühren. Haferflocken, Backpulver und Muskatnuss ebenfalls kurz untermischen. Die Cornflakes mit einer Gabel unter die Teigmasse mengen.

**2** Den Backofen auf 170° vorheizen. Ein Backblech mit Backpapier belegen. Den Teig mit zwei Teelöffeln portionsweise als Häufchen daraufsetzen. Das Blech in den Backofen (Mitte) schieben und die Plätzchen ca. 15 Min. backen.

**3** Die fertigen Fruchthütchen vom Blech nehmen und auf einem Kuchengitter erkalten lassen. Jedes Hütchen mit einem kleinen Klecks Fruchtaufstrich und je 1 Kokoschip dekorieren.

## TIPP

Wer eine Silikonform für Mini-Muffins (24 Mulden) hat, kann diese auch verwenden. Dann den Teig portionsweise mit zwei Teelöffeln auf die Mulden verteilen und etwas andrücken. Im Ofen (Mitte) ca. 18 Min. backen. Die fertigen Muffins aus den Mulden lösen, die Form etwas abkühlen lassen und erneut füllen. Alternativ können Sie den Teig auch in Papiermanschetten für Minimuffins oder in Pralinenkapseln aus bunter Alufolie backen.

# KUMQUAT-STERNE

**Diese Plätzchen bestechen durch ihre Einfachheit und viel frisches Aroma. Die säuerlichen, leicht bitteren Zwergorangen sorgen für einen überraschenden Gaumenkitzel.**

350 g Mehl
250 g kalte Butter
120 g Zucker
1 Päckchen Bourbon-Vanillezucker
je 1 Bio-Zitrone, -Limette und -Orange
1 Eiweiß
Salz
ca. 20 Kumquats
Puderzucker zum Bestäuben
Stern-Ausstecher

**Mit frischen Früchten**

Für ca. 80 Stück | 25 Min. Zubereitung | 1 Std. Kühlen | 10 Min. Backen pro Blech
Pro Stück ca. 50 kcal, 1 g EW, 3 g F, 6 g KH

1 Das Mehl in eine große Schüssel geben, in die Mitte eine Mulde drücken. Auf dem Rand die Butter in kleinen Flöckchen, Zucker und Vanillezucker verteilen. Zitrone, Limette und Orange heiß waschen, abtrocknen und die Schalen fein abreiben. Schalen, Eiweiß und 1 Prise Salz in die Mulde geben. Alles mit den Händen zu einem glatten Teig kneten. Den Teig in Frischhaltefolie wickeln und für ca. 1 Std. in den Kühlschrank legen.

2 Den Backofen auf 200° vorheizen. Die Kumquats heiß waschen, abtrocknen und in feine Scheiben schneiden, dabei entkernen. Backblech mit Backpapier belegen. Den Teig portionsweise auf einer leicht bemehlten Arbeitsfläche ca. 5 mm dick ausrollen. Nach und nach Sterne ausstechen und aufs Blech legen. Je 1 Kumquatscheibe auf die Sterne legen und leicht in den Teig drücken.

3 Die Sterne im Ofen (Mitte) in 8–10 Min. goldgelb backen. Herausnehmen und auf einem Kuchengitter auskühlen lassen. Die Zitrussterne noch warm mit Puderzucker bestäuben.

TIPP Noch fruchtiger werden die Zitrussterne mit einer Fruchtglasur. Dazu 100 Puderzucker mit 1–2 EL Zitrussaft nach Wahl verrühren. In einen kleinen Plastikbeutel oder eine Spritze (ohne Nadel) füllen. den Beutel oben verschließen. Eine winzige Ecke des Beutels abschneiden und zügig Glasurfäden über die Sterne ziehen, trocknen lassen.

# LEBKUCHEN-ZWIEBACK

**Die Lebkuchenscheiben werden wie Zwieback zweimal gebacken und erinnern mit ihrem köstlichen Aroma an Honigbrot.**

2 TL Anissamen
50 g Orangeat
50 g Zitronat
50 g kandierte Orangenscheiben
250 g Honig
50 g brauner Rohrzucker
100 g Butter
2 Eier
175 g Mehl
100 g Roggenmehl (Type 1350)
1 TL Backpulver
½ TL Zimtpulver
frisch geriebene Muskatnuss
Nelkenpulver
Salz
1 walnussgroßes Stück frischer Ingwer
1 Kastenform von 25 cm Länge

**Braucht etwas Zeit**

Für 20 Stück | 30 Min. Zubereitung | 24 Std. Ruhen | 1 Std. Backen
Pro Stück ca. 160 kcal, 2 g EW, 4 g F, 28 g KH

**1** Anissamen in einer trockenen Pfanne rösten, bis sie anfangen zu duften. In einem Mörser fein zerstoßen. Orangeat, Zitronat und Orangenscheiben fein hacken. Die Kastenform ganz mit Backpapier auskleiden. Den Backofen auf 180° vorheizen.

**2** Gehackte Früchte mit Honig, Zucker und Butter in einen Topf geben. Bei schwacher Hitze unter Rühren langsam erwärmen, bis Honig und Butter sich gleichmäßig verbinden. Abkühlen lassen. Die Eier mit den Quirlen des Handrührgeräts schaumig schlagen. Die Frucht-Honig-Mischung unterrühren und weiterrühren, bis die Masse hellcremig wird. In einer Schüssel die zwei Mehlsorten mit Backpulver, Anis, Zimt, je 4 Prisen Muskatnuss und Nelkenpulver sowie 1 Prise Salz mischen. Die Mehlmischung unter die Eimasse rühren. Den Ingwer schälen, fein darüberreiben und gut untermengen. Teig in die Kastenform füllen. Mit einem Messer die Teigoberfläche mittig der Länge nach einritzen.

**3** Im Ofen (Mitte) ca. 50 Min. backen. Herausnehmen, 10 Min. abkühlen lassen, dann aus der Form nehmen und auf einem Kuchengitter auskühlen lassen. 24 Std. ruhen lassen.

**4** Den Backofen auf 180° vorheizen. Den Kuchen mit einem scharfen Sägemesser in ca. 20 dünne Scheiben schneiden, diese für kleine Zwiebäcke nochmals halbieren. Die Scheiben auf ein mit Backpapier belegtes Backblech legen. Im Ofen (Mitte) ca. 10 Min. backen, wenden und im ausgeschalteten Ofen bei leicht geöffneter Tür auskühlen lassen.

# MIT SCHOKOLADE & NÜSSEN

Aromatische Nüsse und feine Schokolade – der Mischung kann kaum jemand widerstehen. Schokoholics finden in diesem Kapitel reichlich Inspirationen und Versuchungen. Für den richtigen Biss sorgen Nüsse und krönen mit anderen aromatische Zutaten jedes Plätzchen mit ihrem intensiven Geschmack.

# ESPRESSO-KOKOS-KÜSSE

170 g Butter | 2 Eier | 140 g Zucker | 40 g Kakaopulver | 200 g Mehl | 2 TL Backpulver | Salz | 200 ml Milch | 130 g Puderzucker | 1 Päckchen Bourbon-Vanillezucker | ca. 3 TL heißer Espresso | 2 EL Kokosflocken | Pralinenförmchen aus Alu oder Papier

**Die mögen alle!**

Für ca. 70 Stück | 20 Min. Zubereitung | 12 Min. Backen pro Blech
Pro Stück ca. 50 kcal, 1 g EW, 2 g F, 6 g KH

1 Den Backofen auf 200° vorheizen. 135 g Butter in einem Topf schmelzen und abkühlen lassen. Eier und Zucker mit den Quirlen des Handrührgeräts sehr schaumig rühren. 20 g Kakao mit Mehl, Backpulver und 1 Prise Salz mischen und darübersieben. Milch dazugeben und alles kurz verrühren.

2 Je ca. 1 Teelöffel Teigmasse in die Förmchen füllen. Im Ofen (Mitte) 10 – 12 Min. backen. Aus dem Ofen nehmen. Die Küsschen auf ein Kuchengitter setzen und auskühlen lassen.

3 In einer kleinen Schüssel die übrige Butter mit Puderzucker, restlichem Kakao und Vanillezucker vermischen. So viel heißen Espresso dazugeben, dass eine streichfähige Masse entsteht. Diese mit einem Pinsel auf die Oberseite der Küsschen streichen oder mit einem kleinen Beutel aufspritzen.Sofort mit Kokosflocken bestreuen.

## VARIANTE

**Probieren Sie anstatt der Schokoladenglasur mit Kokosflocken ein Topping aus Karamellcreme, mit 2 EL gehackten Erdnüssen bestreut.**

# WEIHNACHTSSCHERBEN

150 g Mehl | Salz | 1 Eigelb | 60 g Sahne | 85 g kalte Butter | 50 g Zucker | fein abgeriebene Schale von ½ Bio-Zitrone | 3 EL Apfelkraut | 50 g Mandelblättchen | 1 EL brauner Rohrzucker | 1 TL Lebkuchengewürz

**Hauchdünn und knusprig**

Für ca. 50 Stück | 20 Min. Zubereitung | 30 Min. Kühlen | 12 Min. Backen
Pro Stück ca. 40 kcal, 1 g EW, 2 g F, 4 g KH

1 Das Mehl in eine Schüssel sieben. 1 Prise Salz, das Eigelb, die Sahne, 60 g Butter in kleinen Stückchen, den Zucker und die Zitronenschale dazugeben. Alles mit den Händen schnell verkneten (auf keinen Fall zu lang sonst wird der Teig zu mürbe). Den Teig für 30 Min. kalt stellen.

2 Den Backofen auf 200° vorheizen. Den Teig mit wenig Mehl bestauben und direkt auf Backpapier dünn und etwas kleiner als das Backblech ausrollen. Das Backpapier mit dem Teig auf das Backblech ziehen. Mit einer Gabel den Teig mehrmals einstechen, damit er sich beim Backen nicht wölbt.

3 Die restliche Butter schmelzen. Das Apfelkraut unterrühren und die Mischung mit einem Pinsel auf dem Teig verteilen. Die Mandelblättchen darüberstreuen. Rohrzucker und Lebkuchengewürz mischen und über die Mandelblättchen streuen.

4 Den Teig im Ofen (Mitte) ca. 12 Min. backen. Herausnehmen und noch warm mit einem Teigrädchen in 5 × 3 cm große Stücke schneiden. Auf dem Blech abkühlen lassen.

# TRÜFFEL-QUADRATE

Feine, herbe Schokoladencreme trifft auf mürbe Butterplätzchen mit gerösteten Haselnüssen. Ein Genuss für Schokoladen- und Nussliebhaber!

150 g Haselnusskerne
250 g Mehl
1 TL Backpulver
200 g kalte Butter
70 g Zucker
1 Päckchen Bourbon-Vanillezucker
Salz
70 g Sahne
175 g dunkle Schokolade (70 % Kakaogehalt)
1 EL Rum nach Belieben
quadratische Ausstechform (4 × 4 cm)

**Fein und edel**

Für ca. 50 Stück | 1 Std. Zubereitung | 1 Std. Kühlen | 10 Min. Backen pro Blech
Pro Stück ca. 95 kcal, 1 g EW, 7 g F, 7 g KH

1 Den Backofen auf 180° vorheizen. Die Haselnüsse auf einem Backblech im Ofen unter mehrmaligem Wenden 15 Min. rösten. Dann die Nüsse in ein Geschirrtuch geben und die Häutchen abreiben. Die Nüsse auskühlen lassen und fein mahlen.

2 Mehl, Backpulver und Nüsse in eine große Schüssel geben, in die Mitte eine Mulde drücken. Butter in kleinen Flöckchen, Zucker, Vanillezucker und 1 Prise Salz auf dem Rand verteilen. Alles mit den Händen zu einem glatten Teig kneten. In Frischhaltefolie wickeln und für ca. 1 Std. in den Kühlschrank legen.

3 Für die Füllung die Sahne mit 75 g Schokolade in einem Topf bei schwacher Hitze unter Rühren schmelzen. Den Rum nach Belieben unterrühren und die Masse abgedeckt beiseitestellen.

4 Den Backofen auf 180° vorheizen. Den Teig portionsweise zwischen Klarsichtfolie ca. 3 mm dick ausrollen und Quadrate ausstechen. (Sollte der Teig zu weich sein, die ausgerollte Fläche nochmal kalt stellen oder kurz einfrieren). Bei der Hälfte der Quadrate mit einer kleinen Ausstechform oder mit der großen Lochtülle eine Spritzbeutels kleine Kreise ausstechen. Die Kekse auf ein mit Backpapier belegtes Blech legen. Im Ofen (Mitte) in 8–10 Min. hellgelb backen. Auf einem Kuchengitter auskühlen lassen.

5 Die Schokoladencreme auf die ganzen Quadrate streichen, die Kekse mit den Öffnungen daraufsetzen und etwas andrücken. Die restliche Schokolade in einem verschlossenen Gefrierbeutel im nicht zu heißen Wasserbad schmelzen. An einer Ecke eine kleine Spitze abschneiden und die Plätzchen mit Schokoladenfäden überziehen. Trocknen lassen.

# CASHEW-KARAMELL-HERZEN

**Salz auf süßem Gebäck? Sie werden staunen, die Salzflocken geben mit ihrer Würze den Plätzchen eine ganz besondere Note.**

60 g Zucker
40 g Cashewkerne
180 g Mehl
Salz
2 EL brauner Rohrzucker
2 Päckchen Bourbon-Vanillezucker
60 g Sahne
120 g kalte Butter
etwas Fleur de Sel
2 EL Milch
Ausstecher in Herzform

**Mit Fleur de Sel**

Für ca. 60 Stück | 25 Min. Zubereitung | 30 Min. Kühlen | 12 Min. Backen pro Blech
Pro Stück ca. 40 kcal, 0 g EW, 2 g F, 4 g KH

1 Den Zucker in einer kleinen Pfanne bei mittlerer Hitze schmelzen und goldgelb karamellisieren lassen. Die Cashewkerne darin schwenken und alles auf ein doppelt gefaltetes Backpapier gießen. Die Karamellmasse vollständig abkühlen lassen.

2 Das Mehl in eine Schüssel sieben, 1 Prise Salz, Rohrzucker und Vanillezucker untermischen, Sahne und die Butter in kleinen Stückchen dazugeben und alles mit der Hand oder mit den Knethaken des Handrührgeräts zu einem glatten Teig kneten (oder in der Küchenmaschine verarbeiten). Für 30 Min. kalt stellen. Das Backblech mit Backpapier belegen.

3 Den erkalteten Nusskaramell in der Küchenmaschine oder mit einem scharfen Messer klein hacken. Ungefähr 4 kräftige Prisen Fleur de Sel untermischen. Den Backofen auf 200° vorheizen. Den Teig auf wenig Mehl portionsweise ca. 3 mm dick ausrollen und Herzen ausstechen. Die Herzen auf das Blech legen, mit Milch bestreichen und die Karamell-Mischung daraufstreuen.

4 Die Karamell-Herzen im Ofen (Mitte) ca. 10 – 12 Min. backen. Aus dem Ofen nehmen und auf dem Blech abkühlen lassen.

TIPP Für Maronen-Herzen einfach die Cashewkerne durch 60 g gegarte Esskastanien (Fertigprodukt) ersetzen. Diese vor dem Karamellisieren grob hacken.

# MANDELKNUSPERCHEN

120 g weiche Butter | 100 g hellbrauner Rohrzucker | Salz | ½ Vanilleschote | ½ TL Zimtpulver | 2 Msp. Nelkenpulver | 2 Msp. gemahlener Koriander | 2 Msp. gemahlener Piment | 120 g gehackte Mandeln | 100 g Mehl

**Zart würzig**

Für ca. 100 Stück | 15 Min. Zubereitung | 8 Min. Backen pro Blech
Pro Stück ca. 25 kcal, 0 g EW, 2 g F, 2 g KH

**1** Den Backofen auf 180° vorheizen. Die Butter mit dem Rohrzucker und 1 Prise Salz mit den Quirlen des Handrührgeräts cremig rühren. Die Vanilleschote längs halbieren, das Mark mit einem Messer herauskratzen und mit Zimt, Nelken, Koriander und Piment unter die Butter mischen. Die Mandeln mit dem Mehl unter die Buttermasse rühren.

**2** Von der Plätzchenmasse portionsweise mit einem Teelöffel olivengroße Klößchen abstechen und mit Abstand auf ein mit Backpapier belegtes Backblech setzen. Mit der Unterseite eines kleinen Glases die Klößchen etwas flach drücken.

**3** Im Ofen (Mitte) ca. 8 Min. backen. Herausnehmen und ca. 10 Min. auf dem Blech abkühlen lassen. Da die Knusperchen sehr zerbrechlich sind, mit einer Palette abheben und auf ein Kuchengitter zum völligen Auskühlen setzen.

## TIPP

**Versuchen Sie mal eine grün gesprenkelte Knusperchen-Variante mit Pistazien. Dafür ersetzen Sie 60 g der gehackten Mandeln durch geschälte, ungesalzene Pistazienkerne.**

# MANDEL-KOKOS-BÄLLCHEN

300 g Mehl | 100 g gemahlene Mandeln | 100 g Kokosflocken | 1 Tonkabohne | Salz | 100 g Zucker | 250 g weiche Butter | 100 g weiße Schokolade | 3 EL Kokosflocken zum Bestreuen

**Feines Geschenk**

Für ca. 80 Stück | 20 Min. Zubereitung | 15 Min. Backen pro Blech
Pro Stück ca. 60 kcal, 1 g EW, 4 g F, 6 g KH

**1** Mehl, Mandeln und Kokosflocken in eine große Schüssel geben. Die Tonkabohne auf einer Muskatreibe darüberreiben. 1 Prise Salz, den Zucker und die Butter in kleinen Würfeln dazugeben. Alles mit den Händen zügig und dennoch gründlich zu einem glatten Teig kneten.

**2** Den Backofen auf 180° vorheizen. Das Backblech mit Backpapier belegen. Den Teig mit den Händen zu knapp walnussgroßen Kugeln formen und mit etwas Abstand auf das Blech setzen. Die Bällchen im Ofen (Mitte) ca. 15 Min. backen. Sie sollen hell bleiben und nicht bräunen.

**3** Die Schokolade über dem heißen Wasserbad schmelzen. Die gebackenen Bällchen in die flüssige Schokolade tauchen, sofort mit Kokosflocken bestreuen und auf Backpapier trocknen lassen.

# GEFÜLLTE SPEKULATIUS

**Orangen- und Rosenblütenwasser machen den feinen Lebkuchenteig unwiderstehlich. Innen überrascht die weiche Marzipanschicht, außen der Mandelknusper.**

1 Bio-Zitrone
500 g Mehl
1 Päckchen Backpulver
350 g brauner Rohrzucker
1 Prise Salz
1 – 2 EL Spekulatiusgewürz
375 g kalte Butter
500 g Marzipanrohmasse (siehe Tipp)
2 Eigelb
je 1 EL Rosen- und Orangenblütenwasser
2 EL Sahne
50 g geschälte halbierte Mandeln
quadratische Backform (24 × 24 cm)

**Aus den Niederlanden**

Für ca. 36 Stück | 25 Min. Zubereitung | 30 Min. Kühlen | 40 Min. Backen
Pro Stück ca. 245 kcal, 3 g EW, 14 g F, 28 g KH

1 Die Zitrone heiß waschen, abtrocknen und die Hälfte der Schale fein abreiben. Das Mehl in eine große Schüssel sieben, Backpulver, Zucker, Salz, Zitronenschale und Gewürze dazugeben. Die Butter in Flöckchen darübergeben und alles mit den Händen zu einem glatten Teig kneten. Den Teig in Frischhaltefolie wickeln und für 30 Min. kalt stellen.

2 Den Backofen auf 180° vorheizen. Den Boden der Backform mit Backpapier belegen. Den Teig halbieren und einen Teil auf einer bemehlten Arbeitsfläche etwas größer als die Form ausrollen. Die Teigplatte hineinlegen, dabei einen Rand von 3 cm Höhe formen. Marzipan mit Eigelben und Blütenwasser verrühren und auf den Teig streichen. Die überstehenden Teigränder nach innen schlagen. Den restlichen Teig genau auf Formgröße ausrollen und in die Form legen, dabei mit einer Gabel am Rand etwas andrücken.

3 Die Teigoberfläche mit Sahne bestreichen und mit den Mandelhälften belegen, diese leicht hineindrücken. Im Ofen (Mitte) in ca. 40 Min. goldgelb backen. Herausnehmen und in der Form auskühlen lassen. Den Rand vorsichtig lösen und den Spekulatius aus der Form nehmen. In ca. 4 × 4 cm große Stücke schneiden.

## TIPP

Besonders fein schmeckt eine Marzipanrohmasse, die mit Honig statt mit Zucker hergestellt wird. Honig-Marzipan bekommt man in gut sortierten Lebensmittelgeschäften.

# SCHOKO-PLÄTZCHEN

200 g dunkle Schokolade (70 % Kakaoanteil) | 100 g weiche Butter | 180 g heller Rohrzucker | 1 Vanilleschote | Salz | 2 Eier | 120 ml Buttermilch | 120 g Mehl | 70 g Kakaopulver | 2 TL Backpulver | 100 g Puderzucker | 1 TL gemahlener Piment d'Espelette

## Mit leichter Schärfe

Für ca. 66 Stück | 20 Min. Zubereitung | 15 Min. Backen pro Blech
Pro Stück ca. 55 kcal, 1 g EW, 3 g F, 7 g KH

**1** Backofen auf 160° Umluft (die Plätzchen gelingen mit Umluft besser) vorheizen. Schokolade fein hacken und über dem heißen Wasserbad schmelzen. Butter und Rohrzucker mit den Quirlen des Handrührgeräts cremig rühren. Die Vanilleschote längs halbieren und das Mark mit einem Messer herauskratzen. Mit 2 Prisen Salz, den Eiern, der Buttermilch und der geschmolzenen Schokolade unter die Buttermasse rühren. Das Mehl mit Kakao und Backpulver darübersieben und untermengen.

**2** Von der Plätzchenmasse portionsweise mit einem kleinen Eiskugelformer oder einem Teelöffel walnussgroße Klößchen abstechen und mit Abstand auf ein mit Backpapier belegtes Backblech legen. Mit 50 g Puderzucker bestreuen und dann mit den Fingern etwas flach drücken. Den übrigen Puderzucker über die Plätzchen sieben.

**3** Die Plätzchen im Ofen (Mitte) ca. 15 Min. backen. Herausnehmen und zum Abkühlen auf ein Kuchengitter setzen. Die Plätzchen mit etwas Piment d'Espelette bestreuen.

# GEWÜRZSCHNECKEN

250 g Mehl | 160 g kalte Butter | 60 g Vollmilch-Joghurt | Salz | 2 EL Kakaobohnensplitter | 2 EL Zucker | ½ TL Zimtpulver | ½ TL Fünf-Gewürze-Pulver | 25 g Hagelzucker

**Mit besonderem Aroma**

Für ca. 40 Stück | 25 Min. Zubereitung | 2 Std. Kühlen | 10 Min. Backen
Pro Stück ca. 60 kcal, 1 g EW, 4 g F, 6 g KH

**1** Das Mehl in eine große Schüssel sieben, in die Mehlmitte eine Mulde drücken. Die Butter in kleine Flöckchen schneiden. Den Joghurt löffelweise mit den Butterflöckchen und 1 Prise Salz auf den Rand der Mulde verteilen. Alles mit kalten Händen rasch zu einem glatten Teig kneten. (Nicht zu lange kneten, sonst wird der Teig zu mürbe.) Den Teig in Frischhaltefolie wickeln und für ca. 1 Std. in den Kühlschrank legen.

**2** Kakaosplitter fein hacken. Den Teig auf einer wenig bemehlten Arbeitsfläche ca. 3 mm dick zu einem Rechteck von 40 × 30 cm ausrollen. Zucker mit den Gewürzen und Kakaosplittern mischen und auf den Teig streuen. Den Teig von der breiten Seite her aufrollen. Teigrolle für 1 Std. kalt stellen.

**3** Den Backofen auf 200° vorheizen. Teigrolle in knapp 5 mm dicke Scheiben schneiden und auf ein mit Backpapier belegtes Backblech legen. Schnecken mit Hagelzucker bestreuen. Im Ofen (Mitte) in 13 – 15 Min. hellgelb backen. Aus dem Ofen nehmen, auf ein Kuchengitter heben und ganz auskühlen lassen.

# ZEBRAPLÄTZCHEN

**Für diese attraktiven Plätzchen wird zarter Mürbeteig abwechselnd mit Kakaoteig geschichtet. Zwischen den Schichten sorgen kernige Pecannüsse für Biss und Hingucker.**

½ Bio-Zitrone
300 g Mehl
180 g kalte Butter
120 g Zucker
3 Eigelb
Salz
Bittermandelaroma
25 g Kakaopulver
2 EL Sahne
120 g Pecannusskerne

**Fein geschichtet**

Für ca. 60 Stück | 35 Min. Zubereitung | 2 Std. Kühlen | 12 Min. Backen pro Blech
Pro Stück ca. 65 kcal, 1 g EW, 4 g F, 6 g KH

1 Die Zitrone heiß waschen, abtrocknen und die Schale fein abreiben. Das Mehl in eine große Schüssel sieben, in die Mitte eine Mulde drücken. Am Rand die Butter in kleinen Flöckchen und den Zucker verteilen. Eigelbe, 1 Prise Salz, Zitronenschale und 5 Tropfen Mandelaroma in die Mulde geben. Alles mit den Händen zu einem glatten Teig kneten. Teig halbieren und in eine Hälfte Kakaopulver und Sahne unterkneten. Beide Teige in Frischhaltefolie wickeln und für 1 Std. kalt stellen.

2 Dunklen und hellen Teig jeweils zu einem 2 mm dicken Rechteck ausrollen und in Stücke von ca. 9 × 20 cm schneiden (Bild 1). Abwechselnd eine Schicht hellen und dunklen Teig übereinanderlegen, dabei die Nüsse dazwischen streuen. Nachdem eine Höhe von ca. 4 cm erreicht ist, vorsichtig mit einem Nudelholz darüberrollen, damit eine glatte Oberfläche entsteht (Bild 2). Den Teig in Folie wickeln und für 1 Std. ins Tiefkühlgerät legen.

3 Den Backofen auf 180° vorheizen. Den angefrorenen Teig portionsweise in 4,5 cm breite Längsstreifen, dann die einzelnen Streifen mit einem scharfen Sägemesser in 1 cm dicke Scheiben schneiden (Bild 3). Scheiben auf ein mit zwei Bögen Backpapier belegtes Backblech legen. Im Ofen (Mitte) 12 Min. backen. Zebraplätzchen auf einem Kuchengitter auskühlen lassen.

TIPP Statt der Pecannüsse schmecken eine Mischung aus Pinienkernen und Pistazien oder 120 g gebrannte Mandeln sehr gut.

1

2

3

# GELIEBTE KLASSIKER

Wer denkt nicht gerne an die Weihnachtsplätzchen aus Kindheitstagen? Wenn dann der Duft der ersten selbst gebackenen Plätzchen durch die Räume zieht, hängt jeder seinen eigenen ganz besonderen Erinnerungen nach. Heiß geliebte Klassiker wie Spitzbuben, Kokosmakronen, Vanillekipferl und Zimtsterne spielen dann bestimmt eine Hauptrolle.

# SPITZBUBEN

**Als Füllung schmeckt Ihre Lieblings-Konfitüre, nicht nur die klassische Johannisbeere. Das gibt eine knusprig-fruchtige Knabberei für alle!**

½ Vanilleschote
350 g Mehl
250 g kalte Butter
130 g Zucker
1 Eiweiß
Salz
150 g Johannisbeerkonfitüre
Mehl zum Arbeiten
Puderzucker zum Bestäuben
Spitzbuben-Ausstechform

**Everbody's Darling**

Für ca. 50 Stück |
1 Std. Zubereitung |
1 Std. Kühlen |
8 Min. Backen pro Blech
Pro Stück ca. 80 kcal,
1 g EW, 4 g F, 10 g KH

**1** Vanilleschote längs aufschlitzen und das Mark mit einem spitzen Messer herauskratzen. Das Mehl in eine große Schüssel geben, in die Mitte eine Mulde drücken. Die Butter in Flöckchen und den Zucker auf dem Rand der Mulde verteilen. Das Eiweiß, 1 Prise Salz und das Vanillemark in die Mulde geben. Alles mit den Händen zu einem glatten Teig kneten. In Frischhaltefolie wickeln und für ca. 1 Std. in den Kühlschrank legen.

**2** Den Backofen auf 200° vorheizen. Ein Backblech mit Backpapier belegen. Den Teig portionsweise auf einer leicht bemehlten Arbeitsfläche ca. 3 mm dick ausrollen. Nach und nach Spitzbuben ausstechen, die Hälfte davon mit einem Loch in der Mitte. Die Plätzchen aufs Blech legen und im Ofen (Mitte) in 6 – 8 Min. goldgelb backen. Auf einem Kuchengitter auskühlen lassen.

**3** Die Konfitüre leicht erwärmen und durch ein Sieb streichen. Auf die ganzen Kekse verteilen, dabei rundherum einen kleinen Rand frei lassen. Die Kekse mit Loch mit etwas Puderzucker bestäuben, auf die ganzen Kekse setzen und leicht andrücken.

## VARIANTE

**MIT PASSIONSFRUCHT-CURD**

Das Mark von 8 Passionsfrüchten auslösen und durch ein Sieb streichen. Das Fruchtmark mit 100 g Zucker, 1 Ei, 50 g Butter und 1 Prise Salz in eine Metallschüssel geben. Über dem Wasserbad bei mittlerer Hitze mit einem Schneebesen schlagen, bis eine cremige Masse entsteht. Dann die Creme vom Wasserbad nehmen und abkühlen lassen. Die Spitzbuben mit diesem Curd bestreichen und zusammensetzen. Auf die Öffnungen getrocknete Chilifäden streuen.

# MAGENBROT

300 g Weizenmehl (Type 1050) | 2 TL Backpulver | 2 EL Kakaopulver | 2 ½ TL Lebkuchengewürz | 2 Prisen Salz | 30 g Rohrzucker | 50 g Honig | 2 EL Sahne | 75 ml Milch | 100 g dunkle Schokolade (70 % Kakaoanteil) | 20 g Butter | 180 g Puderzucker | ¼ TL Zimtpulver | 2 Msp. frisch geriebene Muskatnuss | Mehl zum Arbeiten

**Braucht etwas Zeit**

Für ca. 60 Stück | 50 Min. Zubereitung | 20 Min. Backen | 12 Std. Trocknen
Pro Stück ca. 50 kcal, 1 g EW, 1 g F, 8 g KH

**1** Den Backofen auf 180° vorheizen. Das Mehl mit Backpulver, Kakao, Lebkuchengewürz, Salz und Zucker in einer Schüssel mischen. Den Honig, die Sahne und die Milch untermengen und alles mit den Händen zu einem glatten Teig kneten.

**2** Den Teig auf wenig Mehl knapp 2 cm dick zu einem Rechteck von 20 × 25 cm ausrollen. Auf ein mit Backpapier belegtes Backblech legen und im Ofen (Mitte) ca. 20 Min. backen. Herausnehmen und auf dem Blech 5 Min. auskühlen lassen. Dann auf einem Kuchengitter ganz abkühlen lassen.

**3** Für die Glasur die Schokolade zerkleinern und mit Butter und 70 ml Wasser bei schwacher Hitze langsam schmelzen. Puderzucker, Zimt und Muskat untermengen. Den Teig in 2 × 4 cm große Stücke schneiden und in eine große Schüssel legen. Die warme Glasur darübergießen und alles mit den Händen vorsichtig mischen, sodass jedes Magenbrot mit Glasur überzogen ist.

**4** Ein Kuchengitter auf Backpapier stellen. Die Magenbrote auf das Gitter verteilen und ca. 12 Std. trocknen lassen.

# KNUSPER-BREZELCHEN

½ Vanilleschote | ½ Bio-Zitrone |
200 g Mehl | 100 g Instant-Haferflocken |
200 g Puderzucker | 150 g kalte Butter |
2 Eigelb | 2 EL Sahne | 2 - 3 EL Limoncello

**Mit Limoncello-Guss**

Für ca. 70 Stück | 50 Min. Zubereitung |
1 Std. Kühlen | 12 Min. Backen pro Blech
Pro Stück ca. 45 kcal, 1 g EW, 2 g F, 6 g KH

1 Die Vanilleschote längs aufschneiden und das Mark mit einem spitzen Messer herauskratzen. Die Zitrone heiß waschen, abtrocknen und die Schale fein abreiben. Das Mehl und die Hafeflocken in eine große Schüssel sieben, in die Mitte eine Mulde drücken, 100 g Puderzucker darüberstreuen. Auf dem Rand der Mulde die Butter in kleinen Flöckchen verteilen. Eigelbe, Sahne, Vanillemark und Zitronenschale in die Mulde geben. Alles mit den Händen zu einem glatten Teig kneten. Den Teig teilen, zu Rollen von ca. 3 cm ∅ formen und diese für 1 Std. in den Kühlschrank legen.

2 Den Backofen auf 180° vorheizen. Die Teigrollen auf leicht bemehlter Arbeitsfläche in 5 mm dicke Scheiben schneiden. Daraus ca. 15 cm lange Röllchen formen und zu Brezeln schlingen. Auf ein mit Backpapier ausgelegtes Backblech legen.

3 Die Brezelchen im Ofen (Mitte) in ca. 12 Min. hellgelb backen. Herausnehmen und auf dem Backblech abkühlen lassen. Vorsichtig mit einer Palette auf ein Kuchengitter setzen.

4 Restlichen Puderzucker mit Likör verrühren. Die Brezeln damit bestreichen und auf dem Kuchengitter trocknen lassen.

# AMARETTI

**Die feinen Mandelkekse aus Italien bestechen durch eine leicht bittere Note und passen zum Espresso genauso gut wie zum Weihnachtstee.**

200 g geschälte gemahlene Mandeln
90 g Zucker
2 Eiweiß
Salz
1 Päckchen Vanillezucker
Bittermandelaroma
2 EL Puderzucker

**Mit leicht bitterer Note**

Für ca. 50 Stück | 20 Min. Zubereitung | 3 Std. Trocknen | 25 Min. Backen pro Blech
Pro Stück ca. 35 kcal, 1 g EW, 2 g F, 3 g KH

1 Die Mandeln mit 45 g Zucker im Blitzhacker noch einmal kurz mahlen (Achtung: Nicht zu lange mahlen, damit die Masse nicht klumpt.) Die Eiweiße mit 1 Prise Salz schaumig aufschlagen, den restlichen Zucker und den Vanillezucker einrieseln lassen und alles zu einem festen, glänzenden Eischnee schlagen. Die Mandeln löffelweise mit 5 Tropfen Mandelaroma unterheben.

2 Mit einem kleinen Eisportionierer oder zwei Teelöffeln kleine Teighäufchen auf mit Backpapier belegte Backbleche setzen. Die ungebackenen Amaretti mit Puderzucker bestäuben und bei Raumtemperatur ca. 3 Std. trocknen lassen.

3 Den Backofen auf 150° vorheizen. Die Amaretti im Ofen (Mitte) in 20 – 25 Min. hellgelb backen. Backofen ausschalten und die Amaretti bei geöffneter Tür auskühlen lassen.

## VARIANTE

### AMARETTI ALLA GRAPPA

100 g weiche Butter mit 50 g Puderzucker cremig rühren, 2 EL Grappa unterrühren. Masse in einen Spritzbeutel mit glatter Tülle füllen. Füllung auf die glatte Seite der gebackenen Amaretti spritzen. Für 30 Min. ins Tiefkühlgerät legen, damit die Füllung fest wird. 160 g dunkle Schokolade über dem heißen Wasserbad schmelzen. Die gekühlten Amaretti mit der Cremespitze nach unten in die Schokolade tauchen. Auf einem Kuchengitter trocknen lassen. Die Amaretti al Grappa sollten frisch zubereitet und gefüllt werden. Sie halten sich ca. 2 Tage im Kühlschrank.

1

2

3

# KOKOSMAKRONEN

**Makronen gehören immer auf einen Plätzchenteller. Statt klassisch mit gemahlenen Mandeln oder Haselnüssen sind sie hier mit Kokosflocken zubereitet.**

4 Eiweiß
Salz
140 g Zucker
1 Päckchen Vanillezucker
65 g Magerquark
200 g Kokosflocken
Bittermandelaroma
2 EL Kokoslikör (nach Belieben)
50 Oblaten (5 cm ∅)

**Besonders beliebt**

Für ca. 50 Stück | 20 Min. Zubereitung | 15 Min. Backen
Pro Stück ca. 30 kcal, 1 g EW, 0 g F, 6 g KH

**1** Den Backofen auf 180° (Umluft 160°) vorheizen. Die Eiweiße mit 1 Prise Salz steif schlagen. Nach und nach den Zucker und Vanillezucker dazugeben und alles zu einem glänzenden Eischnee aufschlagen. Den Magerquark mit den Kokosflocken, 4 Tropfen Mandelaroma und nach Belieben dem Kokoslikör mit einem Teigspatel gleichmäßig unter den Eischnee heben.

**2** Ein Backblech mit Backpapier belegen und die Oblaten darauf verteilen. Mit zwei Teelöffeln von der Makronenmasse kleine Häufchen abstechen und auf die Oblaten setzen.

**3** Die Makronen im Ofen (Mitte) ca. 15 Min. backen. Die Makronen sollen außen knusprig sein und innen noch einen weichen Kern haben. Auf einem Kuchengitter auskühlen lassen.

## TIPP

Zum Kokosaroma passt sehr gut dunkle Schokolade. Für eine Schokoladendeko 100 g Zartbitter-Kuvertüre grob hacken und in einem verschlossenen Gefrierbeutel im nicht zu heißen Wasserbad schmelzen. An einer Ecke des Beutels eine kleine Spitze abschneiden und die Makronen kreuz und quer mit feinen Kuvertürelinien überziehen. Trocknen lassen.

# VANILLEKIPFERL

75 g Mandeln | 2 Vanilleschoten | 125 g weiche Süßrahmbutter | 50 g Zucker | Salz | 1 Eigelb | 1 TL Zitronensaft | 175 g Mehl | 2 Päckchen Bourbon-Vanillezucker | 3 EL Puderzucker | Mehl zum Arbeiten

## Die dürfen nicht fehlen

Für ca. 45 Stück | 35 Min. Zubereitung | 1 Std. Kühlen | 11 Min. Backen
Pro Stück ca. 55 kcal, 1 g EW, 3 g F, 5 g KH

**1** Die Mandeln in einer trockenen Pfanne rösten, bis sie anfangen zu duften. Auf einem Teller abkühlen lassen und im Blitzhacker fein mahlen. Die Vanilleschoten längs halbieren und das Mark mit einem spitzen Messer herauskratzen.

**2** Die Butter mit Zucker, Vanillemark und 1 Prise Salz mit den Knethaken des Handrührgeräts mischen. Eigelb, Zitronensaft, Mandeln und Mehl dazugeben und alles zu einem krümeligen Teig rühren, diesen auf einer leicht bemehlten Arbeitsfläche mit den Händen glatt kneten. In Frischhaltefolie wickeln und für 1 Std. kühl stellen.

**3** Den Backofen auf 180° vorheizen. Den Teig halbieren und zu zwei Rollen formen. Davon etwa 1 cm dicke Scheiben abschneiden, diese zu 5 cm langen Hörnchen mit spitzen Enden formen. Auf ein mit Backpapier belegtes Blech legen. Im Ofen (Mitte) ca. 11 Min. backen. Die Kipferl dürfen beim Backen nicht bräunen.

**4** Vanillezucker und Puderzucker in einer kleinen Schüssel mischen. Die gebackenen Kipferl auf dem Blech zusammenschieben, mit der Zuckermischung bestreuen und auskühlen lassen.

# ZIMTSTERNE

1 Vanilleschote | 3 Eiweiß | Salz | 200 g Puderzucker | 400 g gemahlene Mandeln | 3 TL Zimtpulver | 1 EL Zitronensaft | Stern-Ausstecher | etwas Zucker zum Ausstechen

## Zarte Saftigkeit

Für ca. 50 Stück | 50 Min. Zubereitung | 15 Min. Backen pro Blech
Pro Stück ca. 65 kcal, 2 g EW, 4 g F, 5 g KH

**1** Die Vanilleschote längs halbieren und das Mark mit einem spitzen Messer herauskratzen. 2 Eiweiß mit 1 Prise Salz steif schlagen. Nach und nach 100 g Puderzucker mit dem Vanillemark dazugeben und alles zu einem glänzenden Eischnee schlagen. Mandeln und Zimt in einer Schüssel mischen und mit einem Teigspatel unter den Eischnee heben (nicht rühren), sodass eine gleichmäßige Masse entsteht.

**2** Den Backofen auf 150° vorheizen. Den feuchten Teig zwischen zwei Lagen Frischhaltefolie ca. 7 mm dick ausrollen. Die obere Folie entfernen und aus dem Teig Sterne ausstechen. Den Ausstecher zwischendurch ab und zu in etwas Zucker tauchen, damit die Sterne nicht kleben bleiben. Die Sterne auf mit Backpapier belegte Backbleche legen.

**3** Das restliche Eiweiß mit dem übrigen Puderzucker und dem Zitronensaft steif schlagen. Den Eischnee mit einem Pinsel gleichmäßig auf die Zimtsterne auftragen. Die Sterne im Ofen (Mitte) 13 – 15 Min. backen. Die Eiweißglasur soll weiß bleiben und der Mandelboden etwas feucht. Die Zimtsterne auf ein Kuchengitter heben und vollständig auskühlen lassen.

# FEIN & BESONDERS

Welch köstlicher Duft liegt da in der Luft? Der von Plätzchen »de luxe« mit feinen Gewürzen und neuen Aromen, subtil kombiniert. Chili, rosa Pfeffer, Polentagrieß, Orangenmarzipan, Matcha-Tee und Co. überraschen in Plätzchenteigen durch ihre interessante Note und bereiten ein neues Gaumenerlebnis zur Weihnachtszeit.

# RICOTTA-POLENTA-BACI

**Polentagrieß gibt den »Küsschen« einen leicht kernigen und dabei feinen Biss. Vanille, Zitrone, Schokolade und Pistazien runden das Geschmackserlebnis ab.**

**Für den Teig:**
1 Vanilleschote
1 Bio-Zitrone
110 g weiche Butter
160 g Zucker
250 g Ricotta
2 Eier
150 g Mehl
100 g Polenta-Grieß
1 TL Backpulver
Pralinenförmchen aus Alu oder Papier

**Für Guss und Belag:**
50 g Pistazienkerne
100 g dunkle Schokolade (70 % Kakaogehalt)
1 EL neutrales Öl

Aus Italien

Für ca. 70 Stück | 20 Min. Zubereitung | 15 Min. Backen pro Blech
Pro Stück ca. 55 kcal, 1 g EW, 3 g F, 5 g KH

1 Den Backofen auf 180° vorheizen. Die Vanilleschote längs halbieren und das Mark mit einem spitzen Messer herauskratzen. Die Zitrone heiß waschen, abtrocknen und die Schale fein abreiben. Die Butter mit Vanillemark, Zitronenschale und Zucker cremig rühren. Den Ricotta mit den Eiern nach und nach unterschlagen. Mehl, Polenta-Grieß und Backpulver unterrühren.

2 Die Förmchen auf Backbleche verteilen und jedes mit ca. 1 TL Teigmasse füllen. In den Ofen (Mitte) schieben und in ca. 15 Min. goldgelb backen. Die Baci aus dem Ofen nehmen und zum Abkühlen auf ein Kuchengitter setzen.

3 Für den Guss die Pistazien mittelgrob hacken. Die Schokolade zerkleinern und über dem heißen Wasserbad schmelzen. Das Öl unter die Schokolade rühren und die Baci auf der Oberseite mit der flüssigen Schokolade bestreichen. Sofort mit den Pistazien bestreuen und den Guss trocknen lassen.

## TIPP

Wenn Sie eine Mini-Silikonform (10 ml Inhalt pro Mulde) haben, können Sie die Baci auch darin portionsweise backen. Dann die Küsschen in der Form 5 Min. abkühlen lassen, herauslösen, mit den Oberseiten in die flüssige Schokolade tauchen und dekorieren.

# PISTAZIEN-SABLÉS

280 g Mehl | 80 g Puderzucker | Salz | 1 Päckchen Bourbon-Vanillezucker | fein abgeriebene Schale von ½ Bio-Zitrone | 220 g weiche Butter | 2 Eiweiß | 80 g grob gehackte Pistazienkerne | 80 g getrocknete Cranberrys | 3 EL zerstoßene rosa Pfefferbeeren | etwas Zucker zum Wälzen

**Ein echter Hingucker**

Für ca. 60 Stück | 20 Min. Zubereitung | 1 Std. Kühlen | 12 Min. Backen pro Blech
Pro Stück ca. 65 kcal, 1 g EW, 4 g F, 6 g KH

1 Mehl, Puderzucker, 2 Prisen Salz, Vanillezucker und Zitronenschale in eine große Schüssel geben. Die Butter in kleine Flöckchen schneiden und darüber verteilen. Die Eiweiße, Pistazienkerne und Cranberrys dazugeben. Alles mit den Händen zu einem glatten, weichen Teig kneten.

2 Den Teig in zwei Hälften teilen und jede zu einer Rolle formen. Diese Rollen in Frischhaltefolie wickeln und für 1 Std. ins Tiefkühlgerät legen.

3 Den Backofen auf 160° Umluft vorheizen. Den Teig aus den Folien lösen. Die Pfefferbeeren mit etwas Zucker in einer flachen Schale mischen. Die Rollen darin rundum wälzen und den Belag leicht andrücken. Die Rollen mit einem scharfen Messer in ca. 4 mm dicke Scheiben schneiden. Auf ein mit Backpapier belegtes Blech legen und im Ofen ca. 12 Min. backen. Die Sablés sollen dabei hell bleiben. Die fertigen Kekse aus dem Ofen nehmen und auf dem Blech abkühlen lassen.

# FEIGEN-MACADAMIA-TROPFEN

300 g Mehl | 180 g kalte Butter | 120 g Zucker | 3 Eigelb | Chilipulver | 200 g getrocknete Feigen | ¼ l Schwarzer Johannisbeer Saft | 4 Gewürznelken | 2 Sternanis | 1 Zimtstange | 150 g gesalzene Macadamianüsse | tropfenförmige Ausstechform (ca. 8 cm lang)

**Mit einem Hauch Chili**

Für ca. 50 Stück | 50 Min. Zubereitung | 1 Std. Kühlen | 10 Min. Backen pro Blech
Pro Stück ca. 95 kcal, 1 g EW, 6 g F, 10 g KH

1 Das Mehl in eine große Schüssel geben, in die Mitte eine Mulde drücken. Am Rand die Butter in kleinen Flöckchen und den Zucker verteilen. Eigelbe und einige Prisen Chilipulver in die Mulde geben. Alles mit den Händen zu einem glatten Teig kneten. In Frischhaltefolie wickeln und für ca. 1 Std. in den Kühlschrank legen.

2 Feigen klein würfeln. Den Saft mit den Gewürzen 3 Min. sprudelnd kochen, dann zugedeckt abseits vom Herd 10 Min. ziehen lassen. Nelken entfernen. Feigen im Saft zugedeckt 10 Min. köcheln, bis die Flüssigkeit aufgesogen ist. Restliche Gewürze entfernen und die Masse glatt rühren.

3 Den Backofen auf 200° vorheizen. Den Teig portionsweise auf etwas Mehl ca. 3 mm dick ausrollen. Tropfen aus der Platte stechen und auf ein mit Backpapier belegtes Blech legen. Die Feigenpaste auf die Plätzchen streichen. Die Nüsse grob hacken und auf die Paste streuen.

4 Die Plätzchen im Ofen (Mitte) in 8–10 Min. goldgelb backen. Aus dem Ofen nehmen und auf dem Blech abkühlen lassen.

# ENGELSAUGEN MIT PINIENKERNEN

½ Bio-Zitrone | 50 g Pinienkerne | 10 g getrocknete Goji-Beeren | 3 getrocknete Aprikosen | 1 Ei | 150 g Mehl | 100 g kalte Butter | 50 g Puderzucker | Salz | ca. 100 g Fruchtaufstrich mit Goji-Beeren oder Aprikosenkonfitüre

**Himmlisch**

Für ca. 30 Stück | 30 Min. Zubereitung | 1 Std. Kühlen | 13 Min. Backen
Pro Stück ca. 75 kcal, 1 g EW, 4 g F, 8 g KH

1 Die Zitrone heiß waschen, abtrocknen und die Schale fein abreiben. Pinienkerne, Goji-Beeren und Aprikosen fein hacken. Das Ei trennen, Eiweiß kalt stellen. Zitronenschale, Mehl, Butter in Flöckchen, Puderzucker, 1 Prise Salz, Eigelb, 25 g Pinienkerne, Beeren und Aprikosen mit den Händen rasch zu einem glatten Teig kneten. Teig in Frischhaltefolie wickeln und für 1 Std. kühl stellen.

2 Den Backofen auf 180° vorheizen. Den Teig zu knapp walnussgroßen Kugeln formen. Das Eiweiß in einem Teller mit einer Gabel verschlagen. Restliche Pinienkerne auf einen zweiten Teller streuen. Die Kugeln erst im Eiweiß, dann in den Pinienkernen wenden und die Kugeln auf ein mit Backpapier belegtes Blech setzen. Mit dem Ende eines Kochlöffelstiels in jede Kugel eine Vertiefung drücken. Konfitüre mit einem 1 EL Wasser glatt rühren, durch ein Sieb streichen und in einen Gefrierbeutel füllen. Beutel verschließen und eine kleine Ecke abschneiden. Die Vertiefungen mit Konfitüre füllen.

3 Die Engelsaugen im Ofen (Mitte) in ca. 13 Min. goldgelb backen. Bei Bedarf noch mit etwas Konfitüre auffüllen und auf dem Blech erkalten lassen.

# KARDAMOM-DOPPELDECKER

1 Bio-Zitrone | 2 Bio-Orangen | 175 g weiche Butter | 70 g Puderzucker | 1 Ei | 250 g Mehl | 1 TL gemahlener Kardamom | 40 g Zucker | 100 g Marzipanrohmasse | 1 EL Orangenlikör nach Belieben | Spritzbeutel mit mittelgroßer Lochtülle

**Mit Orangenmarzipan**

Für ca. 30 Stück | 1 Std. Zubereitung | 45 Min. Kühlen | 16 Min. Backen pro Blech
Pro Stück ca. 105 kcal, 1 g EW, 6 g F, 12 g KH

1 Zitrusfrüchte heiß waschen und abtrocknen. Zitronenschale fein abreiben. Mit einem Zestenreißer feine Streifen von den Orangen abziehen und die Orangen auspressen. Butter und Puderzucker mit den Quirlen des Handrührgeräts cremig schlagen. Ei unterrühren. Mit Mehl, Kardamom und Zitronenschale rasch zu einem glatten Teig verarbeiten.

2 Den Teig in den Spritzbeutel füllen und olivengroße Tupfen auf mit Backpapier belegte Backbleche spritzen. Für 30 Min. kalt stellen. Den Backofen auf 180° vorheizen und das Gebäck im Ofen (Mitte) in ca. 16 Min. goldgelb backen. Auf einem Kuchengitter auskühlen lassen.

3 Die Orangenzesten ca. 10 Sekunden in kochendem Wasser blanchieren, durch ein Sieb abgießen und diesen Vorgang mit frischem Wasser zweimal wiederholen. Die Zesten mit kaltem Wasser abschrecken und abtropfen lassen. Zucker und Orangensaft mit den Zesten in einem Topf in ca. 30 Min. sirupartig einköcheln lassen. Den Sirup abkühlen lassen und mit Marzipan und Likör nach Belieben vermengen. Je zwei Kekse mit etwas Marzipancreme zusammensetzen.

# MATCHA-BEERENTATZEN

**Farbe von grünem Match-Teepulver, feiner Geschmack von Mandeln, getoppt mit leicht säuerlicher Beerenglasur – ein richtiger Hingucker!**

90 g Butter
60 g gemahlene Mandeln
200 g Puderzucker
45 g Mehl
Salz
2 TL Matcha-Teepulver (Tee- oder Asialaden)
¼ TL Backpulver
4 Eiweiß
6 EL Litschi-Saft (ersatzweise Himbeersaft)
2 EL gefriergetrocknete Himbeeren oder Beerenmischung
Mini-Madeleines-Silikonform (mit 24 Mulden; s. Tipp)

**Herrlich locker**

Für ca. 40 Stück | 25 Min. Zubereitung | 12 Min. Backen pro Blech
Pro Stück ca. 50 kcal, 1 g EW, 3 g F, 6 g KH

**1** Den Backofen auf 190° vorheizen. Die Butter zerlassen und abkühlen lassen. Die Silikonformen mit etwas flüssiger Butter auspinseln. Mandeln mit 100 g Puderzucker, Mehl, 1 Prise Salz, Teepulver und Backpulver in einer Schüssel mischen. Die Eiweiße und die abgekühlte Butter unterrühren.

**2** Die Silikonform auf das Backofenrost stellen. In jede Mulde 1 TL Teigmasse füllen. Im Backofen (Mitte) 10 – 12 Min. backen, dann die Form mit dem Backofenrost aus dem Ofen nehmen. Die Bärentatzen in der Form ca. 5 Min. abkühlen lassen, dann vorsichtig aus den Förmchen lösen und auf ein Kuchengitter setzen.

**3** Für den Guss den Litschi-Saft in einem Topf erhitzen und auf ca. 3 EL reduzieren. Die gefriergetrockneten Beeren in einer Kaffeemühle oder Blitzhacker fein pulverisieren. Den restlichen Puderzucker mit dem Litschi-Saft verrühren und auf die Bärentatzen pinseln. Mit Beerenpulver bestreuen.

## TIPP

Wenn Sie keine Silikonform für Madeleines haben, können Sie auch Pralinenförmchen aus Papier oder Metall mit dem Teig füllen, wie beschrieben backen und dekorieren. Im Handel sind auch Formen aus Metall erhältlich, diese sollten gebuttert und mit Mehl bestäubt werden, damit sich die fertigen Plätzchen gut herauslösen lassen.

# REGISTER

Damit Sie Rezepte mit bestimmten Zutaten noch schneller finden, sind in diesem Register auch beliebte Zutaten wie **Mandeln** oder **Zimt** alphabetisch eingeordnet und hervorgehoben. Darunter finden Sie das Rezept Ihrer Wahl.

**Projektleitung:**
Stefanie Poziombka
**Lektorat:**
Adelheid Schmidt-Thomé
**Korrektorat:** Mischa Gallé
**Herstellung:** Martina Koralewska
**Satz:** Uhl + Massopust, Aalen
**Innen- und Umschlaggestaltung:** independent Medien-Design, Horst Moser, München
**Illustrationen:** Julia Hollweck
**Reproduktion:** Repro Ludwig, Zell am See
**Druck und Bindung:**
Schreckhase, Spangenberg
Printed in Germany
**Syndication:**
www.jalag-syndication.de

4. Auflage 2014
ISBN 978-3-8338-3434-9

www.facebook.com/gu.verlag

GRÄFE UND UNZER

Ein Unternehmen der
GANSKE VERLAGSGRUPPE

Genehmigte Sonderausgabe 2014
für P&G Prestige Products GmbH

## Die Autorin

**Christina Richon** ist Kochbuchautorin und Rezeptentwicklerin für namhafte Verlage und Firmen und entwickelt kulinarische Projekte für Restaurants und die Industrie. Sie hat in den letzten Jahren mehrere Preise und Wettbewerbe gewonnen. Ihre Art zu kochen nennt sie »kulinarische Aromatherapie« und spickt ihre Rezepte mit Blüten, Gewürzen und Aromen.

## Die Fotografin

**Anke Schütz** fotografiert für namhafte Redaktionen und Buchverlage Food und Lifestyle. Mit viel Liebe stimmt sie auf die Weihnachtsbäckerei ein. In Zusammenarbeit mit Diane Dittmer (Foodstyling) und Krisztina Zombori (Requisite) stylt sie ihre Bilder mit schlichter, aber zeitgemäßer Eleganz und Lässigkeit.

## Bildnachweis

Titelfoto: Anke Schütz; Autorenfoto: Arne Lesmann; alle anderen Anke Schütz

## Titelrezepte

siehe Seiten 24, 27, 31, 40, 64

QUALITÄTS G|U GARANTIE

## Liebe Leserin, lieber Leser,

**haben wir Ihre Erwartungen erfüllt? Sind Sie mit diesem Buch zufrieden? Haben Sie weitere Fragen zu diesem Thema? Wir freuen uns auf Ihre Rückmeldung, auf Lob, Kritik und Anregungen, damit wir für Sie immer besser werden können.**

**GRÄFE UND UNZER Verlag**
Leserservice
Postfach 86 03 13
81630 München
E-Mail:
leserservice@graefe-und-unzer.de

Telefon: 00800 / 72 37 33 33*
Telefax: 00800 / 50 12 05 44*
Mo–Do: 8.00–18.00 Uhr
Fr: 8.00–16.00 Uhr
*(* gebührenfrei in D, A, CH)*

Ihr GRÄFE UND UNZER Verlag
*Der erste Ratgeberverlag – seit 1722.*

**Backofenhinweis:**
Die Backzeiten können je nach Herd variieren. Die Temperaturangaben in unseren Rezepten beziehen sich auf das Backen im Elektroherd mit Ober- und Unterhitze und können bei Gasherden oder Backen mit Umluft abweichen. Details entnehmen Sie bitte Ihrer Gebrauchsanweisung.

# LAST-MINUTE-REZEPTE

**Auch wenn die Zeit knapp wird, lässt sich fix etwas Knuspriges zaubern und es schmeckt so lecker! Da bleibt genug Zeit zum Genießen.**

## HIBISKUS-BUTTERSTANGEN

**Für 40 Stück:** 50 g weiße Kuvertüre fein reiben und mit 200 g Mehl, 150 g kalter Butter, 50 g Zucker und 1 Eigelb zu einem Mürbeteig verkneten. In Frischhaltefolie wickeln und für 1 Std. kühl stellen. Backofen auf 180° vorheizen. Teig direkt auf dem mit Backpapier belegten Blech rechteckig und 1 cm dick ausrollen. Im Ofen (Mitte) in ca. 14 Min. hellgelb backen. Warm in 2 × 7 cm lange Stangen schneiden. 100 g weiße Kuvertüre in einem verschlossenen kleinen Gefrierbeutel im Wasserbad schmelzen. Vom Beutel eine winzige Ecke abschneiden und die Stangen mit dünnen Schokoladenlinien überziehen. Sofort mit 50 g gehackten Pistazienkernen und 2 TL getrockneten Hibiskusblüten (Apotheke) bestreuen.

## SCHOKO-KNUSPERCHEN

**Für 100 Stück:** 300 g Vollmilchschokolade und 200 g Zartbitterschokolade in Stücke brechen. Mit 1 EL Butter und 1 Päckchen Bourbon-Vanillezucker über dem heißen Wasserbad schmelzen. 1 EL Rum (nach Belieben) unterrühren. 100 g Mandelstifte kurz in einer trockenen Pfanne bei mittlerer Hitze rösten, dann mit der geschmolzenen Schokolade, 120 g Cornflakes und 100 g Kokosflocken gut vermischen. Von der Schokomasse mit zwei Teelöffeln kleine Häufchen auf ein mit Backpapier belegtes Blech setzen und an einem kühlen Ort 2–3 Std. trocknen lassen. Für alle, die es gerne fruchtiger mögen, verwenden Sie eine Zartbitterschokolade mit Orangenstückchen oder eine andere Lieblingssorte mit Fruchtstückchen.